小跳豆 Jumping Bean 幼兒好行為情境故事系列

我要有禮貌

新雅文化事業有限公司

www.sunya.com.hk

小跳豆
幼兒好行為情境故事系列
跟着跳跳豆和糖糖豆一起培養好行為！

　　培養孩子的各種生活技能和好成績，固然重要，但也不要忽略品格培育。其實一個人成功與否，與他的品格好壞有莫大的關係。

　　《小跳豆幼兒好行為情境故事系列》共 6 冊，針對 3-7 歲孩子常犯的毛病或需要關注的地方，分為六個不同的範疇，包括做個好孩子、做個好學生、做個好公民、注意安全、有禮貌和有同理心，透過跳跳豆、糖糖豆以及一眾豆豆好友的經歷，教導孩子在不同的處境中，學習正確的態度和行為，並引入選擇題的方式，鼓勵孩子判斷什麼是正確，什麼是不正確。

　　書末設有「親子説一説」和「教養小貼士」的欄目，給家長一些小提示和教育孩子的方向，幫助家長在跟孩子進行親子閱讀時，一起討論他們所選擇的結果，讓孩子明白箇中道理。「我的好行為」的欄目，讓孩子檢視自己有什麼好行為，鼓勵孩子自省並保持良好行為，長大後成為一個守規矩、負責任、有禮貌、能獨立思考、真正成功的人。

以互動方式提升孩子的判斷力，養成好行為！

本系列屬「新雅點讀樂園」產品之一，若配備新雅點讀筆，爸媽和孩子可以使用全書的點讀功能，孩子可以先點選情境故事的內容，聆聽什麼是正確的行為，然後判斷該怎樣做，選出合適的答案。透過互動遊戲的方式，讓孩子邊聽邊學邊玩，同時提升孩子的判斷力，養成良好的行為。

「新雅點讀樂園」產品包括語文學習類、親子故事和知識類等圖書，種類豐富，旨在透過聲音和互動功能帶動孩子學習，提升他們的學習動機與趣味！

想了解更多新雅的點讀產品，請瀏覽新雅網頁（www.sunya.com.hk）或掃描右邊的QR code進入 新雅・點讀樂園 。

如何使用新雅點讀筆閱讀故事？

1.下載本故事系列的點讀筆檔案

1. 瀏覽新雅網頁(www.sunya.com.hk) 或掃描右邊的QR code 進入 新雅‧點讀樂園 。

2. 點選 下載點讀筆檔案 ▶ 。

3. 依照下載區的步驟說明，點選及下載《小跳豆幼兒好行為情境故事系列》的點讀筆檔案至電腦，並複製至新雅點讀筆的「BOOKS」資料夾內。

2. 啟動點讀功能

開啟點讀筆後，請點選封面右上角的 新雅‧點讀樂園 圖示，然後便可翻開書本，點選書本上的故事文字或圖畫，點讀筆便會播放相應的內容。

3. 選擇語言

如想切換播放語言，請點選內頁右上角的 粵 普 圖示，當再次點選內頁時，點讀筆便會使用所選的語言播放點選的內容。

如何運用點讀筆進行互動學習

點選語言圖示，
可切換至粵語、
口語或普通話

點選圖中的
角色，可聆
聽對白

進入別人的房間前要先敲門

不論是在家裏或其他地方，進入別人的房間前，都應該先敲門，等到別人同意之後才進入，這是尊重別人和有教養的行為。

星期六，糖糖豆到小紅豆的家裏玩耍。當糖糖豆來到小紅豆的家時，小紅豆正在整理房間。糖糖豆很想讓小紅豆看一看自己帶來的新玩具，她來到小紅豆的房間門前。接下來，糖糖豆該怎樣做才是正確的呢？

27

1 先點選情境文
字的頁面，聆
聽什麼是正確
的行為和理解
所發生的事情

小朋友，請你聆聽以下選項，然後在右頁選出正確答案：　　　　我的選擇是：Ⓐ Ⓑ

選擇 A

糖糖豆站在小紅豆的房間外，敲着門說：「小紅豆，請問我可以進來嗎？」

28

選擇 B

糖糖豆立刻衝進小紅豆的房間，說：「小紅豆，你看！你看！我舉來了新玩具！」

29

3 最後作出你的
選擇！點選 Ⓐ
或 Ⓑ，然後聽
一聽你是否選
對了

2 翻至下一頁，
你可先點選頁
面，聆聽選擇
A和選擇B的內
容

每冊書末同時設有「親子説一説」欄目，給家長一些小提示，
讓家長在跟孩子進行親子閱讀時，也能一起討論他們所選擇的結果啊！

主動與人打招呼

　　小朋友看見認識的人時應該主動打招呼，先稱呼對方，然後説：「你好！」並且要面露微笑，這樣對方也會有禮貌地和你打招呼。若見到長輩或老師，更要尊敬地説一聲：「您好」。

　　今天，豆媽媽帶糖糖豆到超級市場去買東西，碰見博士豆和他的媽媽。接下來，糖糖豆該怎樣做才是正確的呢？

選擇 A

糖糖豆只顧着和博士豆談話，沒有跟博士豆的媽媽打招呼。

選擇 B

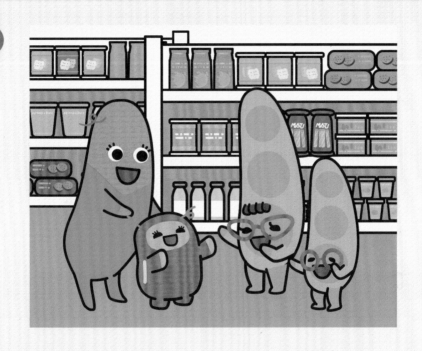

　　糖糖豆微微笑，有禮貌地向博士豆媽媽說：「您好。」又跟博士豆打招呼。

學會說「請」

　　與人相處時，說話的語氣會給人不同的感受。尤其是要求別人幫忙的時候，語氣要保持溫和有禮，誠懇地說聲「請」或「麻煩你」。這是尊重別人的表現，而別人也會樂意幫助你。

　　今天，豆爸爸和跳跳豆去書店。跳跳豆看見書架上有一本很有趣的圖書，想拿下來看看。可是，圖書的位置太高了，跳跳豆伸手也拿不到啊！接下來，跳跳豆該怎樣做才是正確的呢？

選擇 A

　　跳跳豆去請豆爸爸過來，對爸爸說：
「爸爸，我想看那本《小豬的故事》，請
你幫我拿下來。」

選擇 B

　　跳跳豆站在書架前大叫：「爸爸，快過來！我想看那本書，幫我拿下來吧！」

學會說「謝謝」

　　人與人之間是應該互相幫助的，但是要記住，在接受別人的幫忙後，不要忘記說聲「謝謝你」。此外，在接受別人的禮物時，也不要忘記向對方說聲「謝謝你」。

　　今天，做圖工的時候，糖糖豆不小心打翻了蠟筆，蠟筆散落一地。胖胖豆看見了，便上前幫糖糖豆拾起蠟筆。接下來，糖糖豆該怎樣做才是正確的呢？

選擇 A

糖糖豆對胖胖豆説：「謝謝你，胖胖豆。」

胖胖豆也對糖糖豆説：「不客氣。」

選擇 B

　　糖糖豆只想着要趕快把圖畫完成，沒有向胖胖豆道謝，更催促胖胖豆快些把蠟筆收拾好。

17

學會說「再見」

　　「再見」是一句禮貌用語，在告別時向別人說聲「再見」，有期待下次再見面的意思。不論和爸爸媽媽分別，還是放學後和老師、同學道別，都要高高興興地跟對方說聲「再見」，這樣才有禮貌。

　　放學時，跳跳豆和糖糖豆迫不及待地背起書包，準備回家去，因為豆媽媽說今天會和他們一起烤餅乾。在校門外，跳跳豆和糖糖豆遇上了茄子老師和小紅豆。接下來，跳跳豆和糖糖豆該怎樣做才是正確的呢？

選擇 A

　　跳跳豆和糖糖豆停下了腳步，向茄子老師和小紅豆說：「再見。」

選擇 B

　　跳跳豆和糖糖豆想着要快點回家，箭步似的向豆媽媽跑過去，沒有理會茄子老師和小紅豆。

21

學會說「對不起」

當我們做得不對的時候，例如：不小心撞到別人，我們一定要向對方說一聲「對不起」！這樣才能成為有禮貌和負責任的好孩子，而且可以減少爭吵，使你獲得更多的友誼。

今天，跳跳豆在遊戲室玩耍時，到處亂跑亂撞，結果不小心撞到校長身上。接下來，跳跳豆該怎樣做才是正確的呢？

小朋友，請你閱讀以下選項，然後在右頁選出正確答案：

選擇 A

跳跳豆害怕被校長責罵，想趕快離開。

選擇 B

　　跳跳豆有禮貌地對校長説：「校長，
對不起。」

進入別人的房間前要先敲門

不論是在家裏或其他地方，進入別人的房間前，都應該先敲敲門，等到別人同意之後才進入，這是尊重別人和有教養的行為。

星期六，糖糖豆到小紅豆的家裏玩耍。當糖糖豆來到小紅豆的家時，小紅豆正在整理房間。糖糖豆很想讓小紅豆看一看自己帶來的新玩具，她來到小紅豆的房間門前。接下來，糖糖豆該怎樣做才是正確的呢？

選擇 A

糖糖豆站在小紅豆的房間外，敲着門說：「小紅豆，請問我可以進來嗎？」

選擇 B

　　糖糖豆立刻衝進小紅豆的房間，說：
「小紅豆，你看！你看！我帶來了新玩
具！」

打哈欠時要用手掩口

　　當我們身體累了或是感到睏了，就會張口打哈欠，這是一種自然的生理反應。當我們打哈欠時，尤其是有客人在場的時候，記住要轉過身或用手掩口，這樣才有禮貌。

　　今天中午，胡蘿蔔太太來探望豆媽媽，糖糖豆坐在一旁看圖書。糖糖豆感到睏了，想打哈欠。接下來，糖糖豆該怎樣做才是正確的呢？

選擇 A

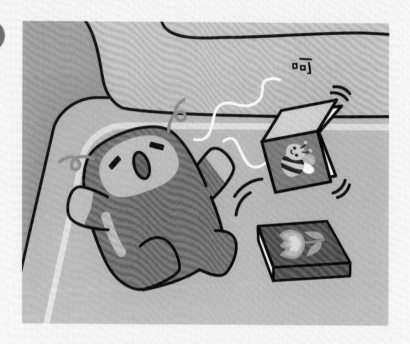

糖糖豆張大嘴巴，還忍不住發出「呵⋯⋯」的一聲，打了一個大哈欠。

選擇 B

糖糖豆用手掩着口，打了一個哈欠。

親子說一說

小朋友，看完這本書，你可以看看自己選得對不對。 如果你選了7個 😃 ，你就是一個懂得禮貌的好孩子了。

情境	選擇A	選擇B	小提示
主動與人打招呼	😞	😃	小朋友，遇到認識的人，跟他們打招呼是一種禮貌。不論對方是年紀比你小、朋輩或長輩和老師，我們都應該有禮貌地向對方問好。
學會說「請」	😃	😞	當我們要請別人幫忙時，時刻要記住保持有禮的態度，要向對方說「請」或「麻煩你」即使對方是自己親密的人，如爸爸媽媽、兄弟姊妹，我們也要記得說「請」，不要當成是理所當然的啊！
學會說「謝謝」	😃	😞	當我們接受了別人的幫忙後，記得要向對方道謝，而當別人送禮物給自己、問候自己或替自己拿東西等等，我們也要向對方說聲「謝謝」，表達謝意。

情境	選擇A	選擇B	小提示
學會說「再見」	😀	🙁	小朋友，我們除了跟別人說聲「早上好」或「晚安」。跟別人道別也是一種基本禮儀。試想想如果別人一聲不響地離開，沒有通知自己，也沒有跟自己打招呼，你會有什麼感受呢？
學會說「對不起」	🙁	😀	小朋友，當自己做錯事，或不小心犯錯，向對方說聲「對不起」，並不是令人感到害羞或難為情的事。當我們犯錯，要請別人原諒，跟別人道歉才是有禮貌和負責任的行為，並記住不要再犯啊！
進入別人的房間前要先敲門	😀	🙁	小朋友，你有沒有試過因為太興奮，而直衝進爸爸媽媽或兄弟姊妹的房間？這是沒有禮貌的行為啊！我們要學會尊重別人，在進入別人的房間前記得要先敲門，讓對方知悉，才可以進去。
打哈欠時要用手掩口	🙁	😀	小朋友，當你打哈欠時，是否張大口，大大聲地說聲「呵」？這樣的行為是很沒禮貌的，也欠衛生。當我們要打哈欠時，最好是掩着口或轉過身，不要張大口向着別人。

教養小貼士

　　在幼兒的成長關鍵期，爸爸媽媽不僅要培養他們的腦力思維，更重要是讓他們養成有禮貌的好習慣。

🫘 對於「不主動打招呼」的孩子：爸爸媽媽可留意孩子是否只是偶然沒有注意到要打招呼，還是因為年紀小，遇見不太熟悉的人便提高警覺或退縮，其實這是保護自我的自然反應。爸媽不是動不動就用「怎麼不叫人？這樣沒禮貌」來責備孩子，而是先向孩子介紹遇到的人，讓孩子放心，然後才學習招呼。

🫘 更重要的一點，爸媽不要認為每次遇到別人，孩子大聲說：「你好嗎？」「早晨！」便一定是有禮貌。有些性格較害羞的孩子，即使只是眼神接觸、微笑點頭、揮揮手，也是打招呼的表現。爸媽可以多留意，以及尊重孩子不同的表達方式。同時也可以多作鼓勵，讓孩子有自信地主動跟別人打招呼。

🫘 爸媽亦需要以身作則，例如早上見到孩子應先說「早晨」；讓孩子取東西時，要說「請」、「謝謝」；做得不對時，要說「對不起」……這樣久而久之，孩子就會自然養成有禮貌的好習慣。

小朋友，你是一個有禮貌的孩子嗎？看看下面各項，你是否都已經做得到？請你在適當的空格內加 ✓。

項目	我做得到	我有時做到	我未做到
主動與人打招呼			
找人幫忙時會說「請」			
撞到別人時會說「對不起」			
與人告別時會說「再見」			
接受別人幫忙後會說「謝謝你」			
進入別人的房間前會先敲門			
打哈欠時會以手掩口			
不會打斷別人的話			
別人在交談時不會吵鬧			
吃飯時不會亂翻菜餚			
不會用手抓飯菜			
吃飯時不會大聲說話			
喝湯時不會發出聲音			
穿好衣服，再離開廁所			

小跳豆 故事系列（共8輯）
Jumping Bean

讓豆豆好友團 陪伴孩子快樂成長！

提升自理能力，學習控制和管理情緒！

幼兒自理故事系列（一套6冊）

《我會早睡早起》
《我會自己刷牙》
《我會自己上廁所》
《我會自己吃飯》
《我會自己收拾玩具》
《我會自己做功課》

幼兒情緒故事系列（一套6冊）

《我很生氣》
《我很害怕》
《我很難過》
《我很妒忌》
《我不放棄》
《我太興奮》

培養良好的品德，學習待人處事的正確禮儀！

幼兒德育故事系列（一套6冊）

《我不發脾氣》
《我不浪費》
《我不驕傲》
《我不爭吵》
《我會誠實》
《我會關心別人》

幼兒禮貌故事系列（一套6冊）

《在學校要有禮》
《吃飯時要有禮》
《客人來了要有禮》
《乘車時要有禮》
《在公園要有禮》
《在圖書館要有禮》

建立良好的心理素質，提高幼兒的安全意識！

幼兒生活體驗故事系列（一套 6 冊）

《上學的第一天》
《添了小妹妹》
《我愛交朋友》
《我不偏食》
《我去看醫生》
《我迷路了》

幼兒生活安全故事系列（一套 6 冊）

《我小心玩水》
《我不亂放玩具》
《我小心過馬路》
《我不亂進廚房》
《我不爬窗》
《我不玩自動門》

培養孩子良好的習慣和行為，成為守規矩和負責任的孩子！

幼兒好習慣情境故事系列（一套 6 冊）

《公德心》
《公眾場所》
《社交禮儀》
《清潔衞生》
《生活自理》
《與人相處》

幼兒好行為情境故事系列（一套 6 冊）

《我要做個好孩子》
《我要做個好學生》
《我要做個好公民》
《我要注意安全》
《我要有禮貌》
《我要有同理心》

小跳豆幼兒好行為情境故事系列

我要有禮貌

編寫：新雅編輯室

繪圖：李成宇

責任編輯：趙慧雅

美術設計：劉麗萍

出版：新雅文化事業有限公司

香港英皇道499號北角工業大廈18樓

電話：(852) 2138 7998

傳真：(852) 2597 4003

網址：http://www.sunya.com.hk

電郵：marketing@sunya.com.hk

發行：香港聯合書刊物流有限公司

香港荃灣德士古道220-248號荃灣工業中心16樓

電話：(852) 2150 2100

傳真：(852) 2407 3062

電郵：info@suplogistics.com.hk

印刷：中華商務彩色印刷有限公司

香港新界大埔汀麗路36號

版次：二〇二二年七月初版

二〇二三年十二月第二次印刷

版權所有·不准翻印

ISBN: 978-962-08-8016-2

© 2013, 2022 Sun Ya Publications (HK) Ltd.

18/F, North Point Industrial Building, 499 King's Road, Hong Kong

Published in Hong Kong SAR, China

Printed in China